Nancy Delatte

RUNES DIVINATOIRES NORDIQUES

Le petit guide pour débutants

OLIVIER REMOLE
Editions

Nancy Delatte
Dépôt légal Octobre 2021
Copyright Olivier Remole Editions

N° ISBN : 9798494613165
Impression à la demande

Bonus de ce livre

Merci d'avoir acheté ce livre.

En complément de votre lecture, *Olivier Remole Editions* vous offrent **deux bonus à télécharger gratuitement** sur olivierremole.fr :

Le guide : ***6 conseils pour mieux vivre avec les énergies au quotidien**, par Olivier Remole

La planche des Chakras

Rendez-vous sur http://olivierremole.fr/bonus

À propos de l'auteur

Nancy Delatte est une auteure canadienne, spécialiste des arts divinatoires, et notamment du tarot, des oracles, et des runes.

Elle pratique au Canada, écrit en anglais et parle français.

Ce livre a été traduit de l'anglais par l'équipe de la maison Olivier Remole Editions.

À propos de l'éditeur

Olivier Remole Editions est une maison d'édition dédiée aux médecines douces et aux énergies vitales. Les livres parus couvrent certains grands domaines des thérapies alternatives : Sophrologie, Reiki, Médecine Traditionnelle Chinoise, Yoga ...

Si vous avez des questions, ou souhaitez échanger, vous pouvez nous écrire à olivier.remole@gmail.com. Je suis le fondateur de la maison d'édition et me ferai un plaisir de vous lire et de vous répondre. Mon délai de réponse est parfois de quelques jours, mais je réponds toujours.

A l'origine une initiative d'écriture personnelle, mes livres se sont petit à petit insérés dans une démarché éditoriale plus large, qui donna naissance à la maison d'édition et la collaboration avec d'autres auteurs.

Table des matières

Introduction

Comme le tarot et les oracles, les runes appartiennent à la l'ensemble des arts divinatoires. Les runes sont encore pour beaucoup entourés de mystères et de mythologie. Lorsque l'on parle de runes, chacun peut penser immédiatement à la magie, à la force viking ou encore à la fameuse forêt de Brocéliande du temps de Morgan. On imagine une atmosphère mystique plutôt nordique, de la fumée et des rituels de pleine lune. Les runes sont des objets qui fascinent. Inscrites dans une longue tradition d'arts divinatoires, elles disposent d'un côté autant mystérieux qu'envoutant.

Mais les petits symboles inscrits sur ces objets nous paraissent bien souvent difficiles à traduire et finalement, vous n'osez pas vous lancer de peur qu'une erreur de traduction ne s'insère dans vos résultats. L'objectif de ce livre est de vous éclairer.

Le but de ce guide est de vous donner toutes les armes afin de débuter votre apprentissage de ces *petits cailloux* dans les meilleures conditions, mais surtout de vous rendre cette étape plus simple et compréhensible.

Cela dit, vous restez celui ou celle qui devra faire face à vos runes et qui devrez apprendre à lire leur mystère, donc prenez votre temps pour lire chaque étape et surtout pour augmenter vos connaissances.

Attention l'objectif de ce livre n'est pas de vous fournir des connaissances complètes et encyclopédiques sur les runes. Le titre de ce livre est bien « pour les débutants ». Certains d'entre vous trouveront peut-être que les exercices ne sont pas assez poussés, ou trop peu nombreux. C'est un choix délibéré, pour permettre d'offrir aux débutants un contenu accessible, et relativement court. L'objectif est d'abord de ne pas les décourager.

Ceux qui ont des connaissances plus poussées ou ne sont pas débutants pourront se tourner vers d'autres manuels plus techniques.

PARTIE 1

Découvrir les Runes

Dans cette première partie, vous découvrirez les éléments essentiels pour bien débuter avec les runes. Il s'agit des bases qui vous permettront rapidement d'avoir les connaissances nécessaires mais aussi pour vous débrouiller facilement lors de votre première divination.

Qu'est-ce que les runes ?

Plusieurs théories se confrontent pour donner une date d'apparition exacte des runes. Certains les datent du premier siècle après J-C, d'autres voient leur apparition plus récente, vers le 2ème ou troisième siècle. Mais il y a un consensus clair pour dire que les runes sont initialement un alphabet nordique composé de 24 lettres, qui sera diffusé en Europe à partir de 150 après J-C. Les peuples nordiques en ce temps-là sont nomades et diffusent donc leurs connaissances aux différents peuples qu'ils vont rencontrer.

L'origine de ces lettres se perd dans les mythologies Nordiques. L'hypothèse la plus valable est que l'alphabet runique représenterait des constellations du ciel, telles qu'elles apparaissaient aux Vikings.

Chaque symbole présenté sur une pierre représente un son et dispose du nom d'un dieu ou d'une déesse. Cet alphabet runique est aussi appelé Futhark, dû à la première lettre des 6 premiers caractères qui sont : Fehu, Uruz, Thurisaz, Ansuz, Raidho, Kaunan.

L'alphabet est caractérisé par l'absence de ronds ou d'ovales, du fait de sa naissance primitive, ou les symboles étaient gravés, et il était plus facile de graver des traits que des ronds.

Le mot rune n'a pas réellement de définition de nos jours, mais si nous devons lui en donner une, cela pourrait être un « secret » ou encore une « incantation », ou même un « charme ». Les runes sont principalement nordiques dans des peuples comme les germaniques, les anglo-saxons et les vikings.

Les runes ont une puissance divinatoire et opératoire, permettant d'invoquer l'énergie et les puissances, par elles-mêmes en tant que Talisman, ou ensemble, en combinaisons.

D'après la légende, le dieu Odin aurait obtenu le pouvoir de le lire après avoir passé 9 jours et 9 nuits suspendu à l'arbre du monde. Odin a dû subir cette épreuve afin d'acquérir la sagesse nécessaire à son règne. Avant d'être dessiné sur des petites pierres et de devenir un art particulièrement prisé, les runes étaient inscrites sur les épées des guerriers afin de leur assurer de la force, sur le peigne des dames afin de les protéger ou encore sur des bois en guise de talisman. On attribut énormément de force et de puissance au symbole runique. Il faut aussi noter que les runes ne sont pas exactement semblables selon leur origine.

Petit point important de l'histoire, durant la seconde guerre mondiale, les nazis utilisaient souvent l'alphabet runique sur leur drapeau ou autre. Car les allemands, en tant que peuple germanique, étaient fiers d'avoir un alphabet inconnu des peuples latins.

Signification des runes

Si l'alphabet qui a donné naissance aux runes comporte 24 caractères, le jeu de runes que l'on utilise le plus traditionnellement comprends 25 pierres runiques. Afin de bien vous expliquer cela, voici la signification de chacune d'elle.

Prenez le temps d'apprendre et de digérer chacune de ces runes, pour mieux appliquer les exercices des parties suivantes.

Fehu

Fehu est le premier caractère des runes, il ressemble fortement au F dans notre alphabet moderne. Elle peut aussi, selon les croyances, être appelée Fraujaz ou Freyr. Il signifie le plus souvent dans les runes prospérité, richesse, abondance. Dans les temps anciens, cette rune signifiait aussi bétail, mais de nos jours cette approche est assez rare.

Lettre Runique : ᚠ

Lettre Latine : F

Idée : prospérité

Compléments sur cette lettre :

• Couleur : Rouge

• Pierre : Agate, Calcédoine

• Arbre : Sureau

• Fleur : Muguet

• Animal : Taureau

Uruz

Uruz : signifie le plus souvent la force vitale, pour les femmes la fécondité. Il s'agit chez les vikings de la force brute et de la vigueur. En règle générale, cette rune qui représente l'énergie, la force et la nature, signifie Auroch, un animal puissant pour les vikings de nature bovine.

Lettre Runique : ∩

Lettre Latine : U

Idée : Force

Compléments sur cette lettre :

• Couleur : Bleu nuit

• Pierre : Escarboucle

• Arbre : Bouleau

• Fleur : Capucine

• Animal : Vache

Thurisaz

Thurisaz : cette rune est un peu spéciale puisqu'elle est à double sens. Elle peut selon le tirage être positive et dans ce cas elle représente la régénération, dans ce contexte elle est assimilée à Thor et au combat qu'il a mené, soit elle entre dans un cadre négatif et elle devient représentante du chaos. Cela étant, d'un côté ou de l'autre nous parlons de force naturelle.

Lettre Runique : Þ

Lettre Latine : TH

Idée : Défense

Compléments sur cette lettre :

• Couleur : Rouge vif

• Pierre : Saphir

• Arbre : Aubépine

• Fleur : Monnaie du Pape

• Animal : Scorpion

Ansuz

Ansuz est une rune qui représente Odin. A l'envers, elle peut signifier l'ennui, le manque de communication voire la mort. A l'endroit, elle peut être annonciatrice d'un nouveau départ, d'une nouvelle vie, mais aussi de contrôle mental. Il faut bien l'analyser dans votre séance divinatoire.

Lettre Runique : ᚠ

Lettre Latine : A

Cette rune fait partie des 5 runes cristal

Idée : Conscience

Compléments sur cette lettre :

• Couleur : Bleu ciel

• Pierre : Emeraude

• Arbre : Frêne

• Fleur : Belle de Jour

• Animal : Albatros

Raidho

Raidho : il s'agit de la rune du mouvement. Sa définition est assez libre finalement ; certains la considèrent comme la rune du voyage, celle qui décrit l'endroit où l'on va, où l'on doit être. D'autres la considèrent comme un présage sur l'initiation, comme la rune de l'équilibre. Mais l'analyse la plus probable est que cette rune représente le voyage intérieur à réaliser pour obtenir des changements positifs.

Lettre Runique : ᚱ

Lettre Latine : R

Idée : Voyage

Compléments sur cette lettre :

• Couleur : Rouge très lumineux

• Pierre : Chrysoprase

• Arbre : Chêne

• Fleur : Gueule de Loup

• Animal : Aigle

Kenaz

Kenaz : il s'agit de la rune qui permet de trouver les solutions, qui illumine de bonnes énergies que ce soit sur le plan mental, spirituel ou physique.

Lettre Runique : ‹

Lettre Latine : K

Idée : Ouverture

Compléments sur cette lettre :

• Couleur : Rouge orangé

• Pierre : Jaspe Sanguin

• Arbre : Pin

• Fleur : Genêt

• Animal : Dragon

Gebo

Gebo : Il s'agit de la rune qui correspond au fait de recevoir et de partager. Il s'agit de la rune qui représente une vraie générosité et un vrai échange. Il s'agit de pure générosité pleinement équilibrée.

Lettre Runique : X

Lettre Latine : G

Idée : Association

Compléments sur cette lettre :

• Couleur : Turquoise

• Pierre : Opale

• Arbre : Orme

• Fleur : Citronnelle

• Animal : Dauphin

Wunjo

ᚹ

Wunjo : cette rune est très positive, elle représente la joie, la réussite intérieure, l'espoir et l'harmonie.

Lettre Runique : ᚹ

Lettre Latine : W

Cette rune fait partie des 5 runes cristal

Idée : Bonheur

Compléments sur cette lettre :

• Couleur : Jaune

• Pierre : Diamant

• Arbre : Frêne

• Fleur : Delphinium

• Animal : Abeille

Hagalaz

Hagalaz : cette rune qui est généralement traduite par « grêle » ou encore « grêlon » signifie plus ou moins la destruction, mais visiblement pas dans le sens négatif, car qui dit destruction dit aussi reconstruction ou renaissance.

Lettre Runique : H

Lettre Latine : H

Idée : Bouleversement

Compléments sur cette lettre :

• Couleur : Blanc

• Pierre : Onyx

• Arbre : If

• Fleur : Fougère

• Animal : Castor

Nauthiz

Nauthiz : cette rune représente la nécessité et le sacrifice. Dans certains jeux de rune, elle représente aussi la contrainte ou encore le désir matériel.

Lettre Runique : ᚾ

Lettre Latine : N

Idée : Epreuve

Compléments sur cette lettre :

• Couleur : Noir

• Pierre : Lapis-Lazuli

• Arbre : Sorbier

• Fleur : Crocus

• Animal : Chien

Isaz

Isaz est probablement le symbole runique le plus simple de l'alphabet runique puisqu'il représente non seulement l'immobilité mais surtout la glace. Il s'agit donc pour les nordiques d'un symbole particulièrement important et puissant.

Lettre Runique : I

Lettre Latine : I

Idée : Immobilité

Compléments sur cette lettre :

• Couleur : Blanc

• Pierre : Oeil de tigre

• Arbre : Aulne

• Fleur : Pois de Senteur

• Animal : Phoque

Jera

Jera est la rune de la récompense face aux épreuves, si on regarde sa définition de plus près, il s'agit dans l'ancien temps de la rune qui représentait les récoltes qui étaient à l'époque la récompense ultime après des semaines voire des mois de travail acharné. Pour certains, c'est aussi la représentation de la boucle temporelle.

Lettre Runique : ᛃ

Lettre Latine : J

Idée : Causalité

Compléments sur cette lettre :

• Couleur : Jaune

• Pierre : Cornaline

• Arbre : Chêne

• Fleur : Bleuet

• Animal : Cigogne

Eihwaz

Eihwaz : cette rune est considérée comme la représentation de l'arbre sacré des peuples nordiques. On peut l'interpréter comme le signe d'une renaissance après un deuil ou comme une symbolique des changements qui peuvent se produire dans une vie, comme le passage de l'enfance à l'âge adulte.

Lettre Runique : ᛇ

Lettre Latine : El

Idée : Endurance

Compléments sur cette lettre :

• Couleur : Rouge

• Pierre : Topaze

• Arbre : If

• Fleur : Lilas

• Animal : Serpent

Pertra

Pertra ou Pero : cette rune est entourée d'une certaine polémique. Si son nom se rapproche du terme « pierre », sa signification oscille entre les peuples. On dit qu'il s'agit d'un présage sur les possibilités d'avenir et d'autres qu'il s'agit de la rune du destin. On la qualifie aussi de rune du mystère.

Lettre Runique : ᛈ

Lettre Latine : P

Idée : Mystère

Compléments sur cette lettre :

• Couleur : Bleu foncé

• Pierre : Aigue-Marine

• Arbre : Tremble

• Fleur : Chrysanthème

• Animal : Corneille

Algiz

Algiz : il s'agit de la rune qui protège des puissances maléfiques et qui repousse non seulement les énergies négatives mais aussi les pensées néfastes. Elle fait penser à une personne ouvrant les bras, pour protéger.

Lettre Runique : ᛉ

Lettre Latine : Z

Cette rune fait partie des 5 runes cristal

Idée : Protection

Compléments sur cette lettre :

• Couleur : Bleu ciel

• Pierre : Améthyste

• Arbre : If

• Fleur : Roseau

• Animal : Elan

Sowilo

Sowilo : représentant le soleil, cette rune est synonyme de victoire et de réussite. Elle a aussi un fort impact sur la spiritualité puisqu'elle représente le contrôle de soi.

Lettre Runique : ᛱ

Lettre Latine : S

Cette rune fait partie des 5 runes cristal

Idée : Energie

Compléments sur cette lettre :

• Couleur : Doré

• Pierre : Rubis rougeoyant

• Arbre : Genévrier

• Fleur : Millepertuis

• Animal : Aigle

Tiwaz

Tiwaz ou encore Tyr est une rune puissante puisqu'elle représente la force qui est nécessaire pour se hisser au niveau des dieux. Elle est donc naturellement le symbole de l'honneur, la force et l'autorité.

Lettre Runique : ↑

Lettre Latine : T

Cette rune fait partie des 5 runes cristal

Idée : Courage

Compléments sur cette lettre :

• Couleur : Bleu roi

• Pierre : Corail

• Arbre : Chêne

• Fleur : Aloès rouge

• Animal : Ours

Berkana

Berkana : elle représente un nouveau départ. Il s'agit de l'originalité que vous mettrez en place pour repartir sur un nouveau chemin ; elle peut aussi être prise comme signe d'une renaissance ou d'une naissance simplement.

Lettre Runique : ᛒ

Lettre Latine : B

Idée : Fertilité

Compléments sur cette lettre :

• Couleur : Noir

• Pierre : Pierre de Lune

• Arbre : Bouleau

• Fleur : Volubilis

• Animal : Sanglier

Ehwaz

Ehwaz : cette rune est créée sur le modèle de deux chevaux, c'est donc naturellement qu'elle est en lien avec le transport, le mouvement mais aussi avec l'entraide et la confiance.

Lettre Runique : ᛗ

Lettre Latine : E

Idée : Progrès

Compléments sur cette lettre :

• Couleur : Jaune

• Pierre : Cristal

• Arbre : Frêne

• Fleur : Forsythia

• Animal : Cheval

Mannaz

Mannaz : cette rune peut aussi être connue sous le nom de Mann, elle représente l'homme dans son ensemble : sa vie sociale, son individualité et ses rapports avec l'extérieur. Elle interroge aussi sur le temps qu'il va falloir à une personne pour réaliser ses objectifs.

Lettre Runique : ᛗ

Lettre Latine : M

Idée : Esprit

Compléments sur cette lettre :

• Couleur : Turquoise

• Pierre : Grenat

• Arbre : Houx •

• Fleur : Digitale

• Animal : Renard

Laguz

Laguz : cette rune représente un chemin initiatique bordé de choses incertaines mais agréables. Cette rune est aussi étroitement liée à la féminité et en règle générale au féminin.

Lettre Runique : ᛚ

Lettre Latine : L

Idée : Création

Compléments sur cette lettre :

• Couleur : Bleu de mer

• Pierre : Perle

• Arbre : Saule

• Fleur : Nénuphar

• Animal : Saumon

Ingwaz

Ingwaz : cette rune est le symbole de la fertilité ainsi que de la connexion de l'homme avec l'environnement et la terre. La notion dite d'écologie était très forte chez les vikings.

Lettre Runique : ◇

Lettre Latine : NG

Idée : Gestation

Compléments sur cette lettre :

• Couleur : Vert

• Pierre : Ambre

• Arbre : Pommier

• Fleur : Gentiane

• Animal : Bouc

Othala

Othala, ou encore othalaz, est une rune qui symbolise la possession autant astrale que matérielle. Sa forme est celle d'un enclos fermé, elle est aussi le symbole d'un héritage et peut être prise comme le résultat d'une quête spirituelle.

Lettre Runique : ᛟ

Lettre Latine : O

Idée : Patrimoine

Compléments sur cette lettre :

• Couleur : Or

• Pierre : Rubis

• Arbre : Epicéa

• Fleur : Perce-neige

• Animal : Loup

Dagaz

Dagaz est la dernière rune de l'alphabet, elle est considérée comme étant très positive, on traduit dagaz par jour. Elle est le symbole du bout du chemin d'une réalisation. On la compare à l'aube d'un nouveau jour.

Lettre Runique : ᛗ

Lettre Latine : D

Idée : Lumière

Compléments sur cette lettre :

• Couleur : Bleu ciel

• Pierre : Chrysolite

• Arbre : Aubépine

• Fleur : Souci

• Animal : Coq

La dernière rune appelée tantôt Rune blanche et tantôt Wyrd est une rune sans écriture ni symbole, sa traduction se fait selon le tirage.

Eléments essentiels de compréhension

Futhark et Ogham : qu'est-ce que c'est ?

Le futhark et l'ogham sont deux alphabets magiques. Pour rappel, un alphabet peut être un mélange de lettres mais aussi de symboles qui permettront de transcrire une langue sur papier. Il n'est donc pas surprenant que ces alphabets soient complémentaires du nôtre. Le futhark est l'alphabet viking, il tire son nom des 6 premières lettres de celui-ci, il est composé de 24 runes. Futhark est le nom donné à l'alphabet runique qui était utilisé à la fois par les anglais, par les anciens peuples germaniques et par les scandinaves pour le norrois. Le mot Futhark signifie en *celte « secret ou murmure, mystère, incantation »* et *« secret, magie, savoir secret, connaissance »* en germain.

D'après ce peuple mythique, leur alphabet servait autant à écrire qu'à interpréter les paroles et présages des dieux. Aujourd'hui, c'est probablement l'alphabet le plus utilisé dans les divinations.

L'ogham lui est aussi nommé l'alphabet des druides. Cet alphabet aurait été créé par Ogmios, aussi appelé Ogme, le dieu de l'éloquence dans la mythologie celte. Cet alphabet est composé de 4 groupes de 5 lettres, soit 20 lettres au total. Il était initialement prévu pour les personnes instruites afin de leur permettre de communiquer avec les dieux. Les 20 symboles étaient aussi prévus pour être utilisés via le langage des signes. En effet, les phalanges des doigts ainsi que leur sommet pouvaient représenter les lettres et ainsi permettre à ceux qui avaient la connaissance de communiquer.

Réputation et mauvaises récupérations du sens des runes

Les runes, au cours des siècles, ont été particulièrement respectées. Certains chefs vikings refusaient même d'aller combattre sans l'accord des pierres, car ils en étaient certains, les dieux leur donnaient leur aval par ce biais.

Le futhark sera véhiculé jusqu'en Angleterre, donnant naissance à divers autres alphabets runiques avec des runes rajoutées. Quatre exactement, comme dans le Futhark Northumbrien. Lors de la guerre de cent ans, les officiers scandinaves vont même les utiliser pour crypter leurs messages de guerre. Les druides sont aussi friands de ces alphabets puisqu'ils leur permettent de communiquer sans que les initiés ne les comprennent.

À ce moment de l'histoire, les runes commencent à avoir une réputation assez controversée puisqu'elles sont majoritairement utilisées pour la guerre ou pour garder des secrets sensibles loin de l'œil humain.On remarque aussi qu'avec l'arrivée du christianisme, les runes deviennent rapidement un alphabet interdit, poussant au bûcher ceux qui l'utilisent. L'Eglise voulait ainsi empêcher les peuples celtiques de se raccrocher à leurs anciennes croyances. Les runes seront même un temps associées au satanisme.

Mais ce qui va définitivement porter du tort à la réputation des runes reste l'utilisation de certains symboles runiques par les nazis durant la seconde guerre mondiale. Ils étaient, en effet, très fiers de cet héritage germanique, cherchant à cette occasion à prouver la grandeur de l'Allemagne. Les runes ont donc très longtemps été détournées de leur rôle initiale qui était, rappelons-le, à but divinatoire. Il faudra attendre les années 1970-1980 pour que les runes retrouvent leur place naturelle dans le monde de la divination.

Runes cryptiques

À travers les années, les différents alphabets runiques ont non seulement évolué, changé mais ont aussi servi de d'écriture et de voyance. Mais les runes cryptiques ont eu une importance majeure dans notre histoire. Que ce soit des druides, des vikings, des magiciens ou encore des généraux, tous ont rapidement compris l'intérêt des runes. En effet, ces alphabets venus du nord permettaient de crypter des messages, des ordres de guerre ou encore des formules magiques. Chacun avait sa propre façon de procéder. L'important étant que la personne puisse se relire. L'une des techniques de base était d'intervertir les lettres par les précédentes ou par les suivantes. Si nous devions utiliser notre alphabet, cela donnerait par exemple pour écrire le mot rune SVOF ou encore QTMD.

La personne qui crée un message crypté utilise un algorithme personnel. Par exemple, la première lettre du mot peut être remplacée par les deux lettres précédentes puis la deuxième par la suivante, la troisième par les deux lettres suivantes, etc.

La complexité des runes alliée à un cryptage savant rendait la lecture d'un message quasiment impossible pour toute personne non initiée.

La roue de l'année : runes et fêtes

La vie païenne, avant l'avènement du christianisme, était rythmée par la vie agricole et les cycles lunaires. Aujourd'hui, un nombre croissant de personnes souhaitent revenir à ces cycles, que l'on appelle la roue de l'année. Cette roue de l'année est divisée en 8 sabbats qui permettent à ceux qui le souhaitent de se déconnecter, avec leur énergie et avec l'environnement.

Les 8 sabbats sont divisés en deux catégories : les majeurs et les mineurs. Ainsi, les majeurs sont des fêtes celtiques qui représentent des étapes importantes de l'année, on les nomme Samhain, Imbolc, Beltane et Lugnasadh.

Les mineurs correspondent aux solstices et aux équinoxes : Yule, Ostara, Litha et Mabon.

Chaque sabbat correspond à une fête bien précise qui est célébrée de manière festive, généralement avec une grande fête, un grand banquet et des chants. Ces jours sont normalement plus puissants que les autres jours de l'année et sont conseillés pour réaliser des tirages runiques.

YULE : ce sabbat correspond au solstice d'hiver le 21 décembre, soit durant la nuit la plus longue de l'année. C'est la fête du soleil et de la naissance des divinités, il n'est pas rare de faire des feux et de veiller jusqu'à levée du soleil.

IMBOLC : Le 02 février, ce sabbat symbolise le changement et l'évolution spirituelle.

OSTARA : ce sabbat correspond à l'équinoxe de printemps le 21 mars. Ce sabbat est synonyme de fertilité de la terre et d'égalité, en effet jour et nuit sont égaux comme les forces qui nous entourent.

BELTANE : du 30 avril au premier mai, il s'agit de la fête du feu et de la lumière, ce sabbat signifie que la période sombre est dernière nous et que nous nous ouvrons à la période claire.

LITHA : qui correspond au solstice d'été le 21 juin, ce sabbat qui intervient au plus haut du cycle solaire est un jour particulièrement propice pour la magie et pour l'union spirituelle des êtres.

LUGHNASADH : aussi appelée Lammas le 01 août, cette fête célèbre les premières récoltes, aujourd'hui elle est synonyme de prospérité.

MABON : qui correspond à l'équinoxe d'automne le 21 septembre, ce sabbat est initialement lié à la deuxième récolte, il est propice à la méditation et à l'analyse de soi.

SAMHAIN : le 31 octobre. Ce sabbat et le symbole de la fin d'un cycle et le début du nouveau. C'est la fin de la roue de l'année et le début d'une nouvelle.

On constate dans la roue de l'année la présence des esbats qui correspondent aux cycles lunaires. Chaque esbats dispose d'une puissance bien particulière qui favorise les incantations et le tirage des runes. Les forces spirituelles sont très présentes lors des pleines lunes. Il faut retenir :

- Novembre = le Castor, cela correspond à une période propice pour se recentrer sur sa famille et ses amis.
- Décembre= le Froid, période conseillée pour laisser le négatif et se focaliser sur ses peurs
- Janvier = le Loup, période propice pour la protection et la force.
- Février = la Neige, cette période symbolise l'espoir et le commencement
- Mars = le Corbeau, il s'agit d'une parfaite période pour célébrer la nouveauté.

- Avril = la Graine, période pour l'action, le rythme
- Mai = la Fleur, il s'git du renouveau de la nature
- Juin = le Fruit, célèbre l'amour et le succès
- Juillet = l'Orage, marque l'abondance et la vitalité.
- Août = l'Esturgeon, mois des récoltes et de l'obtention du fruit de son labeur.
- Septembre = la Récolte, protection et prospérité
- Octobre = le Chasseur, renforcement des liens dans la famille et dans le cercle amical

La roue de l'année est principalement utilisée de nos jours par les Wicca, pratiquant l'ancienne religion wiccane.

Comment tirer les runes ?

Avant d'étudier ensemble les différentes manières de tirer les runes, il semble plus qu'approprié de faire le point sur le matériel nécessaire pour le faire.

Vous devez donc, en plus de vos 25 runes, les 24 du futhark et de la rune Blanche, avoir un sac runique où vous disposerez vos runes avant le tirage et une nappe blanche ou un mouchoir blanc à poser bien à plat sur une surface plane pour disposer les runes.

Une fois que vous avez tout le nécessaire,vous pourrez choisir parmi l'une des 4 méthodes de tirage suivantes :

Le tirage à 1 rune

Il s'agit surtout d'un tirage pour débutant qui permet de se familiariser avec le sens des runes, leur interprétation et enfin votre capacité de concentration. Vous devez penser très fort à votre question. Celle-ci doit être très précise et n'accepter qu'un seul type de réponse. Vous mélangez ensuite le sac runique et en sortez une seule rune.

Si ce tirage est intéressant en termes de simplicité et vous permet de vous familiariser avec les runes, il manque cependant de précision et ne permet pas de voir les éventuels problèmes que vous devrez affronter pour arriver à votre but.

Tirage des Nornes à 3 runes

Ce tirage est en hommage aux déesses Nornes celtiques. Ce tirage est très efficace et complètement adapté aux débutants. Il permet d'obtenir une réponse OUI ou NON. Lors de ce tirage, il vous faudra prendre 3 runes au hasard dans le sac. Il faudra les placer en ligne, la plus à gauche représente le passé et les évènements de cette période qui peuvent influencer le présent par rapport à votre question. Celle du milieu est le présent qui fait un état des lieux de la situation à cet instant précis et enfin celle de droite représente le futur, soit la situation telle qu'elle est supposée se dérouler.

Premier tirage => Passé

Deuxième tirage => Présent

Troisième tirage => Futur

C'est donc à vous d'interpréter les runes afin que la réponse soit cohérente avec la question.

La croix d'Odin avec 5 runes

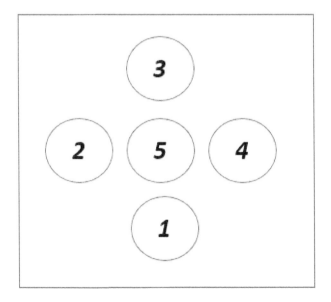

Pour réaliser ce tirage qui fait référence à Odin, il faut être à l'aise avec l'interprétation des runes. Il vient donc naturellement dans un deuxième temps. Il est beaucoup plus complet que le tirage de Nornes, car il prend en compte les influences extérieures. Une fois ce tirage effectué, vous pouvez clairement avoir une nouvelle vision de la situation.

La première rune représente les éléments ou les personnes qui sont autour de vous et qui peuvent influencer la situation.

La deuxième rune correspond aux forces négatives qui peuvent intervenir et qui peuvent avoir un impact négatif. Il s'agit d'une rune qui vous sert d'avertissement.

La troisième rune correspond aux force positives qui au contraire vous aideront.

La quatrième rune correspond au dénouement de la situation actuelle.

Et enfin la cinquième rune représente le futur.

L'oracle de Thor à 7 runes

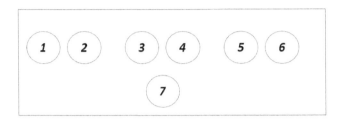

Il s'agit d'un tirage en référence au dieu du tonnerre qui est particulièrement complet. Il fonctionne par paire.

Les runes 1 et 2 permettent de bien comprendre la problématique.

Les runes 3 et 4 sont les éléments du passé qui ont conduit à la situation actuelle.

Les runes 5 et 6 sont des conseils que les runes vous donnent pour arriver à votre réponse.

Et enfin la rune 7 est le résultat que l'on peut interpréter grâce aux 6 autres.

Il est à noter qu'il existe aussi un dernier tirage qui fait polémique, il s'agit du tirage nommé Croix celtique, qui est à réaliser avec 10 runes. Mais beaucoup de personnes le trouvent trop long et trop fastidieux à interpréter, le rendant donc peu fiable. Pour la plupart des personnes qui pratiquent la divination runique, le tirage à 3 runes et celui à 5 runes sont privilégiés, car plus sûrs et plus précis.

Qu'est-ce que la divination par les runes ?

Comme nous l'avons vu, les runes sont étroitement liées aux divinités celtes et ont d'ailleurs été très mal vues par l'Eglise au fil des siècles. Il est aussi important de signaler que lorsque l'on parle de rune, le mot magie n'est jamais très loin.

Cela dit, il faut être profondément honnête, que l'on croie à la magie ou non, il est possible de faire un tirage de runes. Concrètement, les runes s'apparentent à la tarologie. Ce qui signifie que vous pouvez faire un tirage peu importante vos croyances. Le propre d'une divination par les runes est l'interprétation que vous ferez des réponses obtenues.

La grosse différence entre les runes et les cartes divinatoires réside dans le fait que les runes peuvent vous orienter et vous conseiller au lieu de simplement faire une synthèse de la situation. Dans un tirage runique, non seulement vous serez renseigné sur les causes mais aussi sur les influences positives et négatives qui peuvent intervenir. Mais il est bon de le rappeler, encore une fois, tout dépend de votre interprétation.

Quel usage des runes en voyance ?

A la différence de bon nombre d'autres supports utilisés dans la voyance, la rune n'a pas spécialement de définition. Les runes proposent un ordre d'idées qu'il faut analyser et interpréter, si certaines d'entre elles sont faciles à mettre en situation, d'autres nécessitent une attention particulière.

De plus, certaines runes peuvent avoir des doubles sens ou encore avoir un sens si elles sortent à l'endroit et un autre si elles sont tirées à l'envers. Le seul moyen de bien les utiliser lors d'un tirage est finalement de connaitre les idées associées à chacune d'elles sur le bout des doigts.

Comment se rappeler de la définition des runes

Il est important de rappeler que les runes n'ont pas à proprement parler de définition, leur signification dépend grandement de la situation et de l'interprétation de celui qui fera le tirage.

Donc concrètement, vous n'avez pas de signification à retenir mais plutôt l'idée que véhiculent les runes. Si vous regardez avec attention, la plupart d'entre elles sont un schéma lié directement à leur signification. Par exemple, si vous regardez de près la rune Ehwaz qui ressemble à un M et le dessin schématisé de deux chevaux, c'est naturellement qu'elle apporte une idée de transport. Il en va de même pour toutes les runes.

Fabriquer ses propres runes

Aujourd'hui plus que jamais, il est assez simple de se procurer des runes. Que ce soit dans un magasin ésotérique ou sur internet. Mais pour beaucoup, fabriquer soi-même ses propres runes implique de s'investir dans le tirage. De plus, fabriquer soi-même ses runes revient à procéder exactement comme les premiers vikings ou druides qui réalisaient eux-mêmes leurs runes. Un lien particulier vous liera à vos runes.

Pour ce faire, il faut dans un premier temps choisir le support qui vous servira à créer vos runes. Plusieurs supports sont susceptibles d'accueillir les fameux symboles qui en feront des runes.

Le bois

Si vous décidez de fabriquer vos runes en bois, il est important de choisir le bon type de bois. Dans l'absolu, il est préférable de choisir du bois de frêne qui est considéré dans les croyances vikings et celtiques en général comme un arbre sacré. Dans le cas où vous n'avez pas de frêne près de chez vous,

vous pouvez aussi choisir de prendre du bois d'un arbre fruitier qui est reconnu pour être bien meilleur pour les runes.

Dans les croyances celtiques, les arbres sont capables de guider les énergies et sont considérés comme vivants. Il est donc préconisé de demander à l'arbre si vous pouvez prendre une branche et de lui expliquer pourquoi vous le faites. Une fois la branche de bois coupée, vous devez remercier l'arbre pour sa participation. Il s'agit d'un minimum de respect à prodiguer à la nature et aux dieux en général.

Une fois le bois récolté, vous ne devez jamais le laisser toucher le sol, sinon il risque d'être souillé et non efficace. Le bois doit être sec avant d'être coupé en rondelles assez fines.

Des pierres ou des galets

Si vous décidez de réaliser vos runes sur des pierres ou sur des galets, il est important de les choisir proches de l'eau. L'eau pour les celtes est la porte vers l'autre monde, c'est sacré. Vous pouvez donc les prendre proches d'un lac, de la mer ou encore d'une rivière. Il est important de les choisir le plus lisse possible, plutôt petites mais pas trop, d'environ 5 cm, et fines.

Les os d'animaux

Beaucoup moins courants que le bois ou les galets, les os d'animaux peuvent être un bon support pour créer des runes. Cela dit, il est assez difficile de bien les choisir, par exemple si vous prenez des os d'un animal abattu en abattoir, il restera des énergies négatives et un sentiment de terreur sur le support, ce qui rend vos runes instables.

Certains druides gravaient leurs runes sur d'autres supports tels que des perles ou des pierres précieuses.

Une fois que vous avez choisi votre support, vous devez inscrire les symboles dessus. Pour les galets, les pierres et les os, la gravure risque de se présenter comme assez compliquée, il est donc conseiller de peindre les symboles.

Lorsque vous en serez à cette étape, vous devez prendre le temps de réaliser votre gravure ou vos peintures dans un endroit calme et neutre. Vous devez vous concentrer sur chaque symbole et comprendre ce que vous faites. Vous pouvez lors de cette étape mettre de l'encens, l'important étant de créer un espace agréable et détendu.

Une fois les runes créées mettez-les dans la pochette runique et sortez-les uniquement pour les tirages.

Runes et pierres

Les runes peuvent aussi être réalisées avec des pierres précieuses mais toutes ne sont pas recommandées. De plus, il faut bien remarquer que les pierres précieuses seront très difficiles à tailler. Voilà pourquoi vous devrez, en général, les commander en magasin spécialisé, en ligne ou en boutique.

Parmi les pierres précieuses qui peuvent recevoir les runes, vous trouverez :

Runes pierre aventurine : pour les celtes, l'aventurine symbolise la connaissance spirituelle. Elle est de couleur verte légèrement translucide, on trouve des gisements de cette pierre en Inde et en Russie principalement.

Runes pierre hématite : pour les celtes, l'hématite aurait des pouvoirs de guérison sur le corps et sur l'esprit. Elle est d'une très jolie couleur noir ou gris foncé. On en trouve un peu partout mais principalement au Brésil, en Italie et en Suisse.

Runes pierre cornaline : dans les croyances celtiques, la coraline est une pierre qui porte chance, elle est particulièrement puissante et permet de passer au-dessus de toutes les épreuves que ce soit professionnel ou personnel.

Runes pierre améthyste : est considéré comme la pierre du voyage terrestre, la renaissance et le renouveau. Elle était très utilisée par les druides que ce soit pour les runes ou pour les rituels.

Runes pierre quartz rose : le quartz rose symbolise pour les celtes la protection et la paix.

Voilà les principales pierres précieuses utilisées depuis les druides pour réaliser les runes.

PARTIE 2

Différents cas de tirages et d'utilisation

La première partie avait pour objectif de vous présenter les runes dans leur ensemble. Décrivons maintenant leur tirage et la manière de les interpréter. Nous verrons dans cette partie les informations vraiment importantes à connaitre afin d'interpréter et réaliser des tirages pertinents selon les circonstances.

Utilisation des runes en divination, et magie écrite, verbale et gestuelle

Que l'on croit ou non en la magie, il n'en reste pas moins vrai que les runes ont initialement été créées pour communiquer avec ceux qui savent comprendre les paroles de forces supérieures et plus précisément les paroles des dieux. Il va donc de soi que les tirages peuvent dans certains cas être entourés par des rituels magiques qui prennent différentes formes. Il n'est donc pas rare de voir prendre place, avant le tirage, des cérémonies écrites, chantées ou encore dansées qui accompagnent le tirage. Il est important de savoir que ces rituels sont particulièrement importants pour ceux qui veulent réaliser un tirage au plus proche des traditions qui entourent les runes. Cela dit, chaque rituel dépend non seulement de la nature du tirage mais aussi de la personne qui le réalise.

Il faut cependant avoir bien en tête qu'il est largement conseillé lors d'un premier tirage d'avoir réalisé quelques étapes.

Si nous avons abordé lors de la fabrication des runes l'importance du fait de remercier la nature qui nous entoure d'accepter de nous offrir le matériel nécessaire à leur fabrication. Il va de soi, dans les origines celtiques, qu'il est nécessaire de créer un lien avec son jeu.

Dans un premier temps, que vous ayez acheté vos runes ou que vous les ayez construites, sachez que ces pierres sont personnelles. Elles se gorgent de votre énergie et vos runes sont particulières. Vous ne devez donc en aucun cas les prêter ou les laisser être manipulées par quelqu'un d'autre. A partir du moment où vous commencez à les utiliser, vous devez vous assurer de n'être plus que le seul ou la seule à les toucher.

Il est aussi important de rappeler que vous devez ressentir leurs énergies afin de pouvoir les interpréter de manière optimale. Voilà pourquoi en premier rituel, lorsque vous avez créé vos runes ou lorsque vous les avez achetées, il est important de prendre un moment pour bien vous familiariser avec elles.

Ce qui est le plus conseillé est de choisir un moment calme, de sortir les runes l'une après l'autre et de se concentrer devant les yeux fermés pendant le temps nécessaire pour ressentir leur énergie. Ceci peut prendre quelques secondes, comme cela peut être plus long. L'important est de fermer les yeux et de ressentir une harmonie entre la rune et soi. Cela permet aussi de bien apprendre chaque symbole.

Il n'est pas rare de constater après cette étape que les runes sont plus lourdes qu'au début, ce qui signifie qu'elles ont absorbé l'énergie que vous leur avez transmise.

Il est aussi important de signaler que selon la période de l'année et de la journée, il y a des moments beaucoup plus propices aux tirages selon leur thème. Par exemple, la pleine lune permet d'obtenir de meilleures vibrations, un tirage amoureux réalisé lors du solstice d'été le 21 juin sera plus précis. Avoir une bonne connaissance de ces calendriers est utile en tant que praticien, mais pas en tant que débutants.

Votre objectif doit d'abord être de ressentir la bonne énergie pour réaliser votre tirage.

S'il est 15 heures et que vous ressentez que c'est le bon moment pour réaliser votre tirage, alors faites-le. Ne remettez pas à plus tard en vous disant que les vibrations lunaires seront plus favorables dans 5 heures. Si ce sentiment est présent, c'est qu'il y a une raison. Donc apprenez à vous écouter.

L'amour

Lorsque vous réalisez un tirage runique dans le cadre amoureux, il est important de savoir à quoi celui-ci correspond.

Dans le cadre d'un tirage à trois runes, la première rune représente le passé, c'est le résumé de votre vie amoureuse, cette rune explique pourquoi vous en êtes là et ce que vous avez vécu. La deuxième rune est celle qui représente votre vie actuelle, soit l'état d'esprit dans lequel vous êtes et ce qui vous arrive en ce moment et enfin la troisième rune représente votre possible futur.

Il est bon de rappeler que les runes peuvent vous orienter sur une réponse sur le possible futur que vous risquez d'avoir si les choses restent telles qu'elles sont. Vous avez donc la possibilité de changer votre futur. Le tirage à 3 runes est intéressant pour un tirage en amour car il permet d'obtenir une synthèse rapide de votre vie amoureuse avec le point de départ et l'arrivée et ainsi donc de répondre rapidement aux questions sur l'amour. Cela dit, pour avoir une meilleure vision d'une vie sentimentale et des réponses plus précises, il est préconisé d'utiliser un tirage à 5 runes. La première rune représente les éléments ou les personnes qui gravitent autour de vous, la deuxième rune représente ce qui est négatif, la troisième ce qui est positif dans votre quête de l'amour, la quatrième représente le dénouement de votre vie sentimentale et enfin la cinquième représente votre avenir à long terme si vous suivez ce chemin. Ce tirage vous permet donc de comprendre les éléments extérieurs qui sont intervenus dans votre vie amoureuse et qui vous ont amené à la situation actuelle et les personnes impliquées ; cela pourra vous faire réfléchir et éviter de reproduire sans cesse le même schéma.

Il existe aussi des formules runiques afin de répondre à vos attentes, qui peuvent être de trouver l'amour, de raviver une passion en berne ou encore de simplement trouver une relation passagère.

Avant de vous présenter ces formules, voici quelques conseils qu'il est bon de connaitre et qui sont assez adaptés à toutes les formules runiques amoureuses. Dans un premier temps, il est important de savoir que ces formules doivent être écrites sur un papier, ou un médaillon ou un autre objet qui ne devra pas vous quitter jusqu'à ce que votre but soit atteint puis, une fois réussi, vous devez détruire le support que vous aviez choisi, si c'est un papier, brulez-le, si c'est un médaillon cassez-le, etc.

Pour vous assurer que la formule runique fonctionne comme il se doit, vous devez l'écrire vous-même. Vous pouvez le faire avec un stylo, un feutre, une craie, ou même la graver selon le support choisi, mais vous ne devez pas l'imprimer ou demander à quelqu'un d'autre de le faire pour vous, il s'agit d'une démarche personnelle.

Une fois écrite, il faut savoir que cette formule ne peut pas être mise dans votre portefeuille par exemple ou en contact avec de l'argent, vous risquez en effet d'interférer sur un autre domaine et de faire perdre son énergie pour cette routine amoureuse.

Bien entendu, vous devez croire en votre formule runique. Si vous le faites sans réelle conviction, il y a peu de chance que cela fonctionne. Vous ne devez pas en parler avec tous vos amis ou le matin à la pause-café. Gardez cette formule secrète. Comme nous l'avons dit, il existe beaucoup de formules, je vais vous en proposer quelques-unes qui ont fait leurs preuves.

1. *Formule pour trouver l'amour*

Avant de vous présenter cette formule runique, il est important de signaler que cette formule est faite pour trouver votre moitié. La personne en question fera partie de votre vie peut-être pour toujours ou peut-être de manière temporaire, mais une chose est sûre, il y aura entre vous une vraie complicité et un vrai sentiment amoureux ; ce ne sera pas juste une passade mais bien une personne qui marquera votre vie.

En revanche, cette formule n'est pas adaptée, si vous avez un coup de cœur pour une personne bien définie et que vous ne voulez être qu'avec elle. La formule qui suit est faite pour trouver l'amour qui vous est destiné, pas pour jouer le rôle de médiateur entre vous et une personne qui ne s'intéresse pas à vous. Peut-être même que vous ne connaissez pas du tout la personne en question. Ici, vous sollicitez l'aide des runes pour une relation sérieuse. Que vous soyez un homme ou une femme, que vous soyez hétérosexuel, ou homosexuel, vous pouvez l'utiliser.

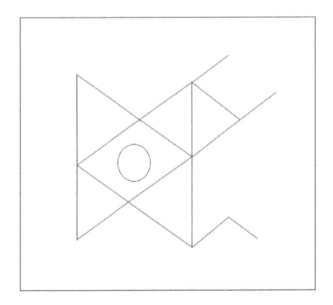

Cette formule est composée de :

- 2 runes Mannaz : une à l'endroit et une à l'envers qui représente un cercle parfait avec en son centre un noyau représentant l'équilibre entre deux êtres
- 4 runes Raidho qui représentent les chemins sinueux de la vie
- De la rune Perthro qui symbolise une rencontre qui devait avoir lieu, qui était écrite
- De la rune Fehu, il s'agit d'un nouveau départ, d'un renouveau
- Et enfin la rune Thurisaz qui permet de mettre un terme à la solitude et de retrouver les voix de la liberté et du bonheur.

Une fois que vous avez gravé ou écrit cette formule sur le support de votre choix et que vous avez choisi de la garder sur vous, sachez qu'il vous sera nécessaire de l'activer. Normalement vous êtes libre de faire une incantation de votre choix que vous aurez écrite. Dans l'absolu cela doit ressembler à quelque chose comme ça : « Cette routine runique me dirige vers l'homme ou la femme qui m'est destiné. Nos sentiments seront forts, sincères et réciproques. Ainsi nous pourrons enfin goûter au bonheur et à la joie ».

2. *Formule raviver l'amour*

Cette formule est destinée à raviver la flamme au sein d'un couple. Cette routine peut être écrite directement sur la peau ou comme précédemment sur un papier ou un morceau de bois, ou un médaillon que l'on garde sur soi. D'expérience, elle agit assez rapidement pour permettre à deux êtres de retrouver la passion de leur début.

Cette routine est composée de :

- La rune Kenaz, ici elle représente l'harmonie d'un foyer et la capacité des deux à vivre ensemble.
- La rune Laguz : dans cette formule Laguz qui représente selon les alphabets l'eau ou la femme, signifie un renouveau de douceur, un nouveau départ solide et harmonieux.

3. *Formule pour attirer un ou une partenaire à court terme*

Cette formule est spécialement conçue pour ceux ou celles qui ne cherchent pas de relation durable, mais plutôt des expériences diverses. Comme les deux autres formules présentées plus haut, elle est unisexe et peut être utilisée par tous.

Cette formule est composée de :

- La rune thurisaz qui ici symbolise l'envie de découverte et la protection lors de celle-ci
- La rune qui signifie le partage et le lien avec une personne
- Et enfin la rune Wunjo qui signifie la réalisation du souhait d'être avec une personne.

Il existe aussi des formules qui vous permettent d'être avec la personne sur qui vous avez des vues, cependant ce genre de formule est assez mal vue car beaucoup considèrent qu'il s'agit de magie noire, voire d'envoutement. De plus, pour créer une routine dans ce sens, il suffit de bien connaitre les runes et d'être sûr de ce que vous voulez.

L'argent

En ce qui concerne l'argent, les tirages les plus utilisés sont généralement le tirage à une rune pour des questions qui peuvent trouver comme réponse oui ou non. Par exemple « est-ce que je vais devenir riche ? » ou encore « est-ce que je vais avoir plus d'argent que prévu ? » Dans ce cas précis, une fois le sac de runes bien mélangé, il vous suffira d'en prendre une et d'interpréter la réponse. Il ne faut pas oublier que beaucoup de runes ont des sens différents si elles sont tirées à l'endroit ou à l'envers.

Sinon, vous pouvez utiliser, pour une analyse plus en profondeur, le tirage à 7 runes qui fonctionne de la manière suivante. Les deux premières runes tirées représentent les problèmes financiers que vous rencontrez actuellement, les deux suivantes, la rune 3 et la rune 4, représentent les raisons pour lesquelles vous en êtes arrivé là. La rune 5 et 6 sont les conseils qui vous sont donnés par les runes pour vous sortir de cette situation et enfin la rune 7 est la synthèse du tirage.

Comme pour les formules runiques pour l'amour, il en existe pour attirer l'argent, ici il faudra les écrire sur une carte bleue, ou sur un papier qui sera toujours dans votre portefeuille. Il faudra que le support que vous aurez choisi soit constamment en contact avec votre argent.

Il existe des runes considérées comme des runes d'argent, mais si vous souhaitez avoir un effet plus marqué il vous faudra retranscrire ces runes sous forme de formules. Bien entendu, faites attention si vous décidez de marquer votre formule sur votre carte bleue, il faudra le faire avec un feutre ou autre mais il faudra aussi penser que lorsque vous aurez obtenu ce que vous voulez, il faudra détruire la formule.

1. _Les runes qui représentent l'argent_

La rune qui attire l'argent par excellence est la rune Fehu

Elle est souvent utilisée comme talisman, mais nous reverrons ceci dans la partie 3. Elle symbolise la richesse et est considérée comme très puissante.

La rune Jera

Cette rune est le symbole des récoltes et de la réalisation des efforts fournis.

La rune Othala

Cette rune signifie l'intervention de personnes influentes qui peuvent aider à l'obtention de gains importants.

La rune Dagaz

Cette rune est le symbole de la prospérité et du finalité heureuse.

Dans les formules runiques, afin d'obtenir une vraie réussite financière, il y aura forcément une ou plusieurs de ces runes. Normalement, les routines runiques reliées à l'argent sont composées de 3 ou 4 runes. La première étant le but recherché, la deuxième et troisième représentent les moyens nécessaires à la réalisation de ce but et la dernière le résultat que vous souhaitez obtenir. Le fait de créer des associations qui comprennent ces runes permet non seulement de décupler leur pouvoir, mais permet aussi de limiter les influences négatives qui pourraient faire barrage à votre réussite.

Avant de vous présenter les associations les plus courantes pour obtenir de l'argent et de voir dans quels domaines elles sont le plus efficaces, il est bon de dire que pour les activer il est important de visualiser votre but et votre objectif. Encore une fois, vous devez croire en ce que vous faites et vous devez être sûr de votre formule. De plus, pour tout ce qui concerne l'argent, vous ne devez à aucun moment vous laisser aller à des pensées négatives. Plus vous vous laissez aller à la négativité plus votre formule sera obsolète. Les routines pour l'argent sont celles qui demandent le plus de confiance en vous et en ce que vous faites.

Lorsque vous allez créer votre formule, sachez que vous pouvez l'écrire en rouge ou en vert afin d'être plus percutant et de mettre le point sur ce que vous voulez vraiment.

Il est primordial, lorsque les effets de votre formule commencent à se manifester, de remercier les runes pour leur aide et quoi qu'il arrive, vous devez dès votre but atteint détruire le papier sur lequel vous avez inscrit votre routine. Beaucoup pensent aussi que succès ou non, votre routine doit être détruite avant le 25 novembre afin de repartir sur une nouvelle. Si cette date vous dit peut-être quelque chose, c'est parce qu'il s'agit de Thanksgiving.

Si cette fête est connue outre-atlantique pour être américaine, il faut savoir que chez les celtes, il s'agit du jour de l'action de grâce où les druides fêtaient la prospérité, la fertilité et l'abondance, mais aussi la fin de leur calendrier. Quoi qu'il arrive, vous ne pouvez donc pas passer outre cette fête sacrée et garder votre formule. Il faudra automatiquement en commencer une nouvelle.

1. *La formule la plus connue pour attirer l'argent et la chance financière.*

Cette formule n'est pas compliquée à réaliser puisqu'il s'agit d'écrire 3 fois à la suite la même rune fehu. Mais il faut savoir que fehu est la rune de l'argent par excellence, la multiplier par trois comme indiqué ici permet de renforcer son pouvoir et ainsi de devenir un vrai aimant financier. Cette routine est considérée comme très puissante si elle est réalisée comme il se doit.

2. *Formule pour devenir propriétaire*

Cette routine qui peut faciliter l'acquisition d'un bien immobilier permet aussi d'augmenter de manière significative vos revenus. Cette routine est composée de trois runes que nous venons de voir comme étant les plus puissantes sur le plan financier puisqu'il s'agit de Othala, Fehu et Jera. On dit que cette formule runique permet aussi de protéger son capital des voleurs et des personnes mal intentionnées.

3. _La formule pour augmenter et stabiliser ses rentrées d'argent._

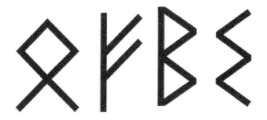

Cette formule permet de vous assurer non seulement des revenus financiers confortables, mais aussi une vraie durabilité de vos revenus. Elle est composée des runes Fehu et othala que nous avons déjà vues mais aussi de la rune Berkana qui ici a un rôle de protection des biens contre les ennemis potentiels et de la rune Sowilo qui ici aide à la réussite de votre quête.

Cela dit attention, si ces formules sont puissantes et fonctionnent bien une fois activées, il faut savoir qu'elles ne vous feront pas gagner au loto ou trouver une mallette d'argent dans la rue. Elles sont là pour décupler vos gains dus à vos efforts, pas pour envoyer directement des millions sur votre compte en banque. Les runes aident à récompenser le travail fourni.

Le travail

Nous avons abordé l'utilisation des runes et des formules runiques pour aider à augmenter ses capacités financières. Les runes permettent d'augmenter nos rentrées d'argent seulement si de vrais efforts sont fournis. Il est donc opportun d'aborder les runes et l'activité professionnelle.

Vous pouvez réaliser un tirage pour savoir si telle ou telle proposition d'emploi vous est destinée, ou encore pour savoir si vous avez des chances d'avoir une promotion. Dans ce cas précis, vous pouvez réaliser le tirage à une rune qui vous permettra d'avoir une réponse simple qui se matérialisera par un oui, un non, ou encore un peut-être.

Vous pouvez aussi choisir d'avoir une réponse plus précise en utilisant un tirage à cinq runes. Le tirage à 5 runes est particulièrement conseillé dans le domaine professionnel, que ce soit si vous êtes en recherche ou si vous êtes en attente d'une promotion, car les runes prennent en compte les éléments extérieurs qui bien souvent peuvent perturber l'option d'un travail ou d'une promotion. Ainsi, vous êtes prévenu des risques et vous pouvez agir.

Mais bien entendu, il existe aussi dans ce domaine des formules afin de vous aider à attirer le positif sur votre vie professionnelle. Il vous faudra donc écrire votre formule ou la graver sur un support de votre choix que vous devrez garder avec vous le plus possible, vous pourrez le ranger sur vous ou encore dans votre sac ou dans votre portefeuille sans risque que cela interfère avec d'autres domaines puisque les domaines professionnels et financiers sont liés.

Certaines personnes vont jusqu'à inscrire leur formule runique directement sur une partie cachée de leur peau.

1. *Formule pour trouver un emploi*

Soyons réaliste, trouver un emploi est le nerf de la guerre. Voici une formule qui a fait ses preuves.

Attention tout de même à laisser à cette formule le temps d'agir, il lui faut d'après les témoignages entre 1 semaine et 1 mois pour réussir. Cette formule est composée des runes :

Uruz et Tiwaz qui combinées ensemble signifient, carrière, succès.

Fehu qui ici représente un salaire.

Wunjo qui ici représente l'accomplissement de son but.

2. *Formule pour obtenir une promotion*

Cette formule fonctionne aussi pour une augmentation sans pour autant avoir à gravir les échelons.

Cette formule associe des runes que nous avons déjà vues et qui sont reconnues pour être particulièrement puissantes, notamment sur le plan financier. Il s'agit des runes Uruz, Kenaz, Fehu, Jera, Wunjo.

3. *Formule pour une évolution de carrière*

Cette formule vous permettra de vous faire bien voir de votre hiérarchie et de doucement grimper les marches du succès. Il s'agit de la routine suivante :

Cette formule, qui ressemble étrangement à celle du dessus avec tout de même quelques différences, est composée des runes suivantes : Kenaz, Fehu, Tiwaz, Jera et Wunjo. Dans cette formule, la rune Kenaz signifie que vos talents cachés seront mis en lumière et la rune Jera associée à la rune Wunjo garantit une augmentation de votre revenu mensuel.

4. *Formule pour attirer les clients.*

Enfin, pour ceux qui ont leur propre entreprise et sont dirigeants ou gérants, il existe une formule afin d'attirer les clients et ainsi rendre votre société plus rentable.

Cette formule composée des runes : Berkana, Othala et Fehu vous permettra d'attirer les clients et de ce fait le succès, l'argent et la renommée.

Il ne faut pas oublier que bien que ces formules permettent de vous aider à réussir un peu plus rapidement que prévu, elles ne fonctionnent qu'en termes de récompense. Donc si vous ne travaillez pas un minimum, il va de soi que ces formules ne feront pas grand-chose pour vous.

Comment interpréter ces tirages

Vous avez pu voir qu'une rune, selon le contexte, peut avoir des sens assez larges et très différents. Alors la question est : comment interpréter un tirage.

Il va de soi, que pour rendre la tâche encore un peu plus compliquée, certaines runes ont un sens si elles sont tirées à l'endroit et elles ont un sens si elles sont tirées à l'envers.

Dans un premier temps, il faut être réaliste : connaitre vos runes est important ; ce n'est qu'en vous familiarisant avec elles que vous pourrez vraiment connaître leurs significations ainsi que celles qui peuvent avoir un double sens. Ensuite, il est important de leur donner un cadre. Ce qui signifie que lors de votre tirage, vous devez poser une question. Est-ce que le tirage porte sur la vie en général, sur l'amour, sur le travail, sur l'argent ? Une rune peut vouloir tout et son contraire selon qu'elle soit tirée pour une question sentimentale ou une question financière.

Enfin, quoi qu'il arrive, les runes sont surtout parlantes dans leur ensemble. C'est l'association des runes qui permet de donner une interprétation. Vous ne devez pas essayer de donner la signification d'une rune après l'autre mais du sens qu'elles peuvent avoir en étant mises ensemble.

Elles doivent avoir un sens selon leur thématique et leur regroupement. Bien entendu, au début, l'interprétation d'un tirage vous semblera long et fastidieux, vous ne connaissez pas bien les runes et elles semblent ne pas forcément avoir de lien. Pourtant au fil des jours leur lecture va devenir plus simple et l'analyse de leur regroupement vous semblera naturelle. Ce n'est pas pour rien que vous pouvez lire un peu partout des titres d'articles tels que « le secret de rune ». Il y a vraiment quelque chose de mystérieux dans ces petits cailloux qui finalement n'est pas si compliqué à percer lorsque l'on dispose de la bonne méthode.

PARTIE 3

Utiliser les runes comme talismans

Au cours des deux premières parties de ce guide, nous avons étudié les runes, leur définition, comment les fabriquer ou les acheter, comment faire un tirage, les formules runiques. Mais le pouvoir des runes ne s'arrête pas là. Elles peuvent aussi servir de Talisman.

Que savoir sur les talismans runiques ?

Que ce soient les celtes, les vikings, les druides, les guerriers, les rois, tous ont depuis plus de 2000 ans déjà utilisé des tirages runiques ou encore des formules runiques pour attirer la chance, l'argent ou l'amour. Mais afin d'obtenir un pouvoir plus puissant, ils ont aussi eu recours à des talismans.

Si aujourd'hui on peut voir fleurir sur internet des sites proposant des bijoux, tels que des colliers ou encore des bracelets comme talisman, il faut comprendre que dans l'ancien temps beaucoup d'objets et de biens du quotidien avaient vocation à être gravés. On pouvait retrouver un talisman runique sur une porte en bois, sur une épée ou encore un tatouage, ou même brodé sur des habits.

L'important était de savoir quelle rune choisir et ce que l'on désirait plus que tout.

D'après ce que l'on peut voir aujourd'hui, parmi les 25 symboles qui composent l'alphabet runique, toutes ont un pouvoir qui leur est bien spécifique. Il s'agit des plus puissantes et des plus orientées sur un domaine.

Ainsi, on retrouve sans surprise fehu comme talisman pour attirer la richesse :

Uruz signifie force et énergie :

Thurisaz signifie protection :

Ansuz pour savoir et connaissance :

Toutes les runes ont donc une définition propre.

Mais certains talismans reprennent des formules runiques complètes afin que l'effet souhaité soit plus puissant.

Cas spécifiques

Voici donc les cas spécifiques où vous aurez besoin de formules plus complexes pour que votre talisman ait un effet optimal. Il est important de noter qu'aujourd'hui encore vous pouvez fabriquer votre talisman en le gravant sur du bois, en le créant de vos mains ou encore en le tatouant, c'est à vous de voir ce que vous souhaitez faire.

Le cas échéant, vous pouvez aussi acheter dans un magasin ésotérique ou sur internet des médaillons ou des bracelets. Mais mieux vaut fabriquer son talisman soi-même car bien souvent, il n'y a pas de formule toute faite mais plutôt une association personnelle de runes à faire selon son cas propre.

Protéger son foyer

La protection de son foyer est un vaste sujet qui a bien souvent été le centre d'attention de toutes les civilisations. Dans ce cas précis, il est bon de savoir ce que l'on veut protéger. Est-ce le foyer ? Les personnes qui s'y trouvent ? Ou bien les richesses ?

Il est important avant de créer son talisman de choisir ce qui semble primordial à protéger. Pour ce faire, voici les runes qui sont destinées à la protection et leur signification.

Algiz

Cette rune est celle représentant la protection, elle sera la base de tout talisman de protection.

Isaz

Cette rune est très souvent utilisée pour protéger de la convoitise et des personnes malveillantes, ainsi que sur les sors lancés sur une personne ou une demeure.

Tiwaz

Cette rune sert à protéger contre les attaques physiques et néfastes.

Thurisaz

Cette rune est une rune de protection de l'extrême à utiliser dans des situations vraiment dangereuses, par exemple si votre foyer se trouve sur un champ de guerre ou si vous devez aller travailler de nuit et que vous traversez des quartiers sensibles etc.

Fehu

Cette rune représente dans ce cas présent la protection des biens matériels et de la stabilité financière de la famille.

Si vous souhaitez donc protéger votre famille des malheurs financiers, vous créez une formule à mettre sur une porte ou au centre de la maison qui comprend Algiz Fehu Algiz

Si vous souhaitez protéger votre famille des personnes dangereuses proches de votre maison, vous pouvez utiliser la formule : Algiz, Thurisaz, Isaz, à porter autour du cou des personnes concernées.

Si vous avez un voisin violent et que vous souhaitez protéger votre famille, vous pouvez mettre devant votre porte la formule : Algiz, Tiwaz, Isaz.

Pour s'assurer la santé

Les runes peuvent aussi être de puissants alliés pour se protéger sur le plan de la santé. Les runes généralement utilisées sont :

Tiwaz

Elle permet au corps de faire appel à sa force intérieure et ainsi combattre les maladies diverses.

Dagaz

Cette rune permet d'apporter des ondes positives et de cicatriser les plaies.

Uruz

Cette rune permet de maintenir son corps en bonne santé, il parait même que cette rune améliore la libido.

Kenaz

Cette rune permet de fournir de l'énergie et des ondes positives

Uruz

Elle augmente le système immunitaire et l'endurance d'une personne.

Ingwaz

Cette rune crée l'harmonie et l'équilibre dans le corps.

Tout comme pour la protection, vous pouvez soit utiliser ces runes seules selon votre cas de figure, soit créer des formules afin que leur effet soit amplifié.

Voici donc les combinaisons que vous pouvez faire selon les cas :

Si vous subissez une baisse de régime mais que vous n'avez pas de maladie déclarée, vous pouvez porter sur vous un talisman avec les runes Tiwaz, Uruz et Kenaz.

Si vous souffrez de problèmes récurrents d'allergie, vous pouvez utiliser un Talisman avec les runes Tiwa, Ingwaz et Uruz.

Il s'agit de faire l'association de runes qui correspond le mieux à votre état. Dans le cadre de création de talisman pour la santé, il n'est pas nécessaire de les détruire dès que vous allez mieux. Un talisman est fait pour durer et rester avec vous, d'où le fait que certains les tatouent à même leur peau.

Développer ses dons

Si vous souhaitez vous révéler et faire exploser vos dons, vous allez avoir besoin de beaucoup de concentration et surtout d'un talisman bien spécifique. Pour ce faire, vous devrez créer une formule runique qui restera toujours, après son activation, en contact avec vous et votre peau.

ᚠᚱᚷᛋ

Ansuz qui veut dire ici savoir et communication.

Raidho qui ici signifie voyage et quête

Gebo : dont le sens dans cette formule est don et échange

Eiwhaz : et enfin cette rune qui ici veut dire initiation, spiritualité.

Attention, cette formule doit non seulement être activée, mais surtout elle est irréversible, ce qui signifie qu'une fois vos dons libérés vous ne pourrez plus revenir en arrière. Il est donc important pour vous d'être sûr de vouloir développer des dons mystiques.

Lorsque je parle d'activer cette formule, cela veut dire que vous devez demander au dieu de bien vouloir accepter votre demande et de vous montrer le chemin. Comme souvent avec les runes, vous devrez vous-même créer votre propre incantation qui peut ressembler à : *« Je vous demande au travers de ces runes de laisser sortir les pouvoirs et dons qui sont en ma possession et de faire de moi un canal de communication »*.

Comme toujours, n'oubliez pas de remercier les éléments et les runes du grand honneur qui vous est fait d'accéder à votre demande.

Conclusion

Vous venez de découvrir l'univers mystérieux des runes. Il faut savoir que les runes restent l'un des moyens les plus anciens de protection et de voyance. Ces petites pierres sont aussi au centre de beaucoup de polémiques, issues de personnes qui assurent que les runes sont liées à la magie, qu'elle soit blanche ou noire. Dans tous les cas, il faut donc faire attention lors de vos séances.

Concrètement, si votre pratique est honnête et sincère, vous pouvez être en confiance. Nous espérons que ce guide vous permettra de débuter avec les runes de la meilleure manière qui soit.

N'oubliez pas que quoi qu'il arrive, vous devez rester positif, que ce soit lors des tirages ou encore si vous créez des formules runiques. Les ondes négatives ou de l'agressivité pourrait annuler les effets de ce que vous venez de créer. Ce que vous restez et ce que vous dégagez peut altérer les tirages ou la puissance de vos formules. Il est donc important de ne prendre vos runes que lorsque vous êtes calme, concentré et pleinement investi dans votre tâche.

Si vous souhaitez réaliser les runes avec un proche ou un ami, n'oubliez pas que vous pouvez faire des tirages. En revanche, une formule est personnelle et devra être écrite individuellement.

Alphabet complet en annexe

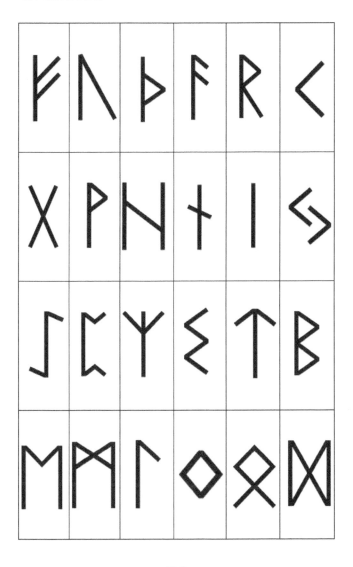

Printed in France by Amazon
Brétigny-sur-Orge, FR

18502483R00060